Teacher Journal

DAILY REFLECTION

This Journal Belongs to

_____

_____

Enjoy This Journal ?

If you love our journal, please leave a review , we love

to know your opinions and advice to create

better paper product for you

Thank you so much for your support !!

Date :   *Mo*   *Tu*   *We*   *Th*   *Fr*

Word of the day :

Challenges of the day

Wins of the day

Notes

To do List

Top Priorities

Best Part of Today

Worst Part of Today

Mood During the Day

—   +

Date :   Mo   Tu   We   Th   Fr

Word of the day : —————————————————————————

Challenges of the day

Wins of the day

Notes

————————————————————————————————————
————————————————————————————————————
————————————————————————————————————
————————————————————————————————————
————————————————————————————————————

To do List

Top Priorities

Best Part of Today

Worst Part of Today

Mood During the Day

— +

Date :   Mo   Tu   We   Th   Fr

Word of the day : —————————————————————————

Challenges of the day

Wins of the day

Notes

To do List

Top Priorities

Best Part of Today

Worst Part of Today

Mood During the Day

– ☹ ☹ 🙂 😀 😄 +

Date :　　　　　　Mo　　Tu　　We　　Th　　Fr

Word of the day : ——————————————————————————

Challenges of the day

Wins of the day

Notes

————————————————————————————————————
————————————————————————————————————
————————————————————————————————————
————————————————————————————————————
————————————————————————————————————
————————————————————————————————————

To do List

Top Priorities

Best Part of Today

Worst Part of Today

Mood During the Day

− +

Date :   *Mo   Tu   We   Th   Fr*

Word of the day :

Challenges of the day

Wins of the day

Notes

To do List

Top Priorities

Best Part of Today

Worst Part of Today

Mood During the Day

−　＋

Date : Mo   Tu   We   Th   Fr

Word of the day : ————————————————

Challenges of the day

Wins of the day

Notes

To do List

Top Priorities

Best Part of Today

Worst Part of Today

Mood During the Day

Date : Mo Tu We Th Fr

Word of the day : —————————————————————————————

Challenges of the day

Wins of the day

Notes

—————————————————————————————
—————————————————————————————
—————————————————————————————
—————————————————————————————
—————————————————————————————
—————————————————————————————

To do List

Top Priorities

Best Part of Today

Worst Part of Today

Mood During the Day

−   +

Date :   Mo   Tu   We   Th   Fr

Word of the day : ————————————————————————

Challenges of the day

Wins of the day

Notes

To do List

Top Priorities

Best Part of Today

Worst Part of Today

Mood During the Day

- ☹ ☹ ☺ ☺ ☺ +

Date :   **Mo   Tu   We   Th   Fr**

Word of the day : ——————————————————————

Challenges of the day

Wins of the day

Notes

To do List

Top Priorities

Best Part of Today

Worst Part of Today

Mood During the Day

− □ □ □ □ □ +

Date :   Mo   Tu   We   Th   Fr

Word of the day : —————————————————————

Challenges of the day

Wins of the day

Notes

—————————————————————————————

—————————————————————————————

—————————————————————————————

—————————————————————————————

—————————————————————————————

—————————————————————————————

To do List

Top Priorities

Best Part of Today

Worst Part of Today

Mood During the Day

− +

Date :   Mo   Tu   We   Th   Fr

Word of the day : ————————————————————————————

Challenges of the day

Wins of the day

Notes
_____
_____
_____
_____
_____
_____

To do List

Top Priorities

Best Part of Today

Worst Part of Today

Mood During the Day

Date :   Mo   Tu   We   Th   Fr

Word of the day :

Challenges of the day

Wins of the day

Notes

To do List

Top Priorities

Best Part of Today

Worst Part of Today

Mood During the Day

— [ ][ ][ ][ ][ ] +

Date :   Mo   Tu   We   Th   Fr

Word of the day : —————————————————————————

Challenges of the day

Wins of the day

Notes
_____
_____
_____
_____
_____
_____

To do List

Top Priorities

Best Part of Today

Worst Part of Today

Mood During the Day

− +

Date : Mo Tu We Th Fr

Word of the day :

Challenges of the day

Wins of the day

Notes

To do List

Top Priorities

Best Part of Today

Worst Part of Today

Mood During the Day

$-$ | | | | | $+$

Date :   Mo   Tu   We   Th   Fr

Word of the day : ———————————————————

Challenges of the day

Wins of the day

Notes
_____

_____

_____

_____

_____

_____

To do List

Top Priorities

Best Part of Today

Worst Part of Today

Mood During the Day

− +

Date :　　　　　Mo　　Tu　　We　　Th　　Fr

Word of the day :

Challenges of the day

Wins of the day

Notes

To do List

Top Priorities

Best Part of Today

Worst Part of Today

Mood During the Day

－ ＋

Date :　　　　　　Mo　　Tu　　We　　Th　　Fr

Word of the day : ————————————————————————

Challenges of the day

Wins of the day

Notes

————————————————————————————————————

————————————————————————————————————

————————————————————————————————————

————————————————————————————————————

————————————————————————————————————

————————————————————————————————————

To do List

Top Priorities

Best Part of Today

Worst Part of Today

Mood During the Day

Date :   Mo   Tu   We   Th   Fr

Word of the day :

Challenges of the day

Wins of the day

Notes

To do List

Top Priorities

Best Part of Today

Worst Part of Today

Mood During the Day

$-$ [ ][ ][ ][ ][ ] $+$

Date :　　　　　　Mo　　Tu　　We　　Th　　Fr

Word of the day : ——————————————————————————

Challenges of the day

Wins of the day

Notes

————————————————————————————————————

————————————————————————————————————

————————————————————————————————————

————————————————————————————————————

————————————————————————————————————

————————————————————————————————————

To do List

Top Priorities

Best Part of Today

Worst Part of Today

Mood During the Day

－ ＋

Date :   Mo   Tu   We   Th   Fr

Word of the day :

Challenges of the day

Wins of the day

Notes

To do List

Top Priorities

Best Part of Today

Worst Part of Today

Mood During the Day

— +

Date :　　　　　Mo　　Tu　　We　　Th　　Fr

Word of the day : ————————————————

Challenges of the day

Wins of the day

Notes

To do List

Top Priorities

Best Part of Today

Worst Part of Today

Mood During the Day

— +

Date :   Mo   Tu   We   Th   Fr

Word of the day : —————————————————————

Challenges of the day

Wins of the day

Notes

To do List

Top Priorities

Best Part of Today

Worst Part of Today

Mood During the Day

Date :   Mo   Tu   We   Th   Fr

Word of the day :

Challenges of the day

Wins of the day

Notes

To do List

Top Priorities

Best Part of Today

Worst Part of Today

Mood During the Day

− |　|　|　|　|　| +

Date :   Mo   Tu   We   Th   Fr

Word of the day : ————————————————————

Challenges of the day

Wins of the day

Notes

————————————————————————————
————————————————————————————
————————————————————————————
————————————————————————————
————————————————————————————
————————————————————————————

To do List

Top Priorities

Best Part of Today

Worst Part of Today

Mood During the Day

− +

Date :   *Mo*   *Tu*   *We*   *Th*   *Fr*

Word of the day : ————————————————————

Challenges of the day

Wins of the day

Notes

To do List

Top Priorities

Best Part of Today

Worst Part of Today

Mood During the Day

$-$ | | | | | | $+$

Date :   Mo   Tu   We   Th   Fr

Word of the day : ─────────────────────────────

Challenges of the day

Wins of the day

Notes

───
───
───
───
───
───

To do List

Top Priorities

Best Part of Today

Worst Part of Today

Mood During the Day

Date :   Mo   Tu   We   Th   Fr

Word of the day : ——————————————————————

Challenges of the day

Wins of the day

Notes

To do List

Top Priorities

Best Part of Today

Worst Part of Today

Mood During the Day

— **+**

Date :　　　　　　　Mo　　Tu　　We　　Th　　Fr

Word of the day :

Challenges of the day

Wins of the day

Notes

To do List

Top Priorities

Best Part of Today

Worst Part of Today

Mood During the Day

Date :   Mo   Tu   We   Th   Fr

Word of the day : _____

Challenges of the day

Wins of the day

Notes

To do List

Top Priorities

Best Part of Today

Worst Part of Today

Mood During the Day

−   +

Date :   Mo   Tu   We   Th   Fr

Word of the day : —————————————————————————

Challenges of the day

Wins of the day

Notes
_____

_____

_____

_____

_____

_____

To do List

Top Priorities

Best Part of Today

Worst Part of Today

Mood During the Day

− +

Date :   Mo   Tu   We   Th   Fr

Word of the day : ————————————————————————

Challenges of the day

Wins of the day

Notes

————————————————————————————————————

————————————————————————————————————

————————————————————————————————————

————————————————————————————————————

————————————————————————————————————

To do List

Top Priorities

Best Part of Today

Worst Part of Today

Mood During the Day

−　□ □ □ □ □　＋

Date :   Mo   Tu   We   Th   Fr

Word of the day :

Challenges of the day

Wins of the day

Notes

To do List

Top Priorities

Best Part of Today

Worst Part of Today

Mood During the Day

− +

Date :   Mo   Tu   We   Th   Fr

Word of the day :

Challenges of the day

Wins of the day

Notes

To do List

Top Priorities

Best Part of Today

Worst Part of Today

Mood During the Day

−   +

Date : **Mo   Tu   We   Th   Fr**

Word of the day : ———————————————————————

Challenges of the day

Wins of the day

Notes

_____
_____
_____
_____
_____
_____
_____

To do List

Top Priorities

Best Part of Today

Worst Part of Today

Mood During the Day

− +

Date :   Mo   Tu   We   Th   Fr

Word of the day : ─────────────────────────────

Challenges of the day

Wins of the day

Notes

To do List

Top Priorities

Best Part of Today

Worst Part of Today

Mood During the Day

− +

Date :   **Mo**   **Tu**   **We**   **Th**   **Fr**

Word of the day : ————————————————————

Challenges of the day

Wins of the day

Notes

To do List

Top Priorities

Best Part of Today

Worst Part of Today

Mood During the Day

− +

Date :   Mo   Tu   We   Th   Fr

Word of the day : —————————————————————

Challenges of the day

Wins of the day

Notes

To do List

Top Priorities

Best Part of Today

Worst Part of Today

Mood During the Day

Date :　　　　　Mo　　Tu　　We　　Th　　Fr

Word of the day : ———————————————————

Challenges of the day

Wins of the day

Notes

To do List

Top Priorities

Best Part of Today

Worst Part of Today

Mood During the Day

− ☹ ☹ 🙂 😊 😃 +

Date :　　　　　　　　　　Mo　　Tu　　We　　Th　　Fr

Word of the day :

Challenges of the day

Wins of the day

Notes

To do List

Top Priorities

Best Part of Today

Worst Part of Today

Mood During the Day

Date : Mo Tu We Th Fr

Word of the day :

Challenges of the day

Wins of the day

Notes

To do List

Top Priorities

Best Part of Today

Worst Part of Today

Mood During the Day

−   +

Date : Mo   Tu   We   Th   Fr

Word of the day : —————————————————

Challenges of the day

Wins of the day

Notes

To do List

Top Priorities

Best Part of Today

Worst Part of Today

Mood During the Day

Date : Mo Tu We Th Fr

Word of the day : ─────────────────────

Challenges of the day

Wins of the day

Notes

─────────────────────────────────────

─────────────────────────────────────

─────────────────────────────────────

─────────────────────────────────────

─────────────────────────────────────

─────────────────────────────────────

To do List

Top Priorities

Best Part of Today

Worst Part of Today

Mood During the Day − +

Date :		Mo	Tu	We	Th	Fr

Word of the day : ———————————————————————

Challenges of the day

Wins of the day

Notes

To do List

Top Priorities

Best Part of Today

Worst Part of Today

Mood During the Day

— +

Date :   Mo   Tu   We   Th   Fr

Word of the day : ————————————————————————

Challenges of the day

Wins of the day

Notes

To do List

Top Priorities

Best Part of Today

Worst Part of Today

Mood During the Day

$-$ [ ][ ][ ][ ][ ] $+$

Date : **Mo** **Tu** **We** **Th** **Fr**

Word of the day :

Challenges of the day

Wins of the day

Notes

To do List

Top Priorities

Best Part of Today

Worst Part of Today

Mood During the Day

− +

Date : Mo Tu We Th Fr

Word of the day : ————————————————————————————

Challenges of the day

Wins of the day

Notes

To do List

Top Priorities

Best Part of Today

Worst Part of Today

Mood During the Day

— +

Date :   Mo   Tu   We   Th   Fr

Word of the day : ————————————————————

Challenges of the day

Wins of the day

Notes
_____

_____

_____

_____

_____

_____

To do List

Top Priorities

Best Part of Today

Worst Part of Today

Mood During the Day

Date :   Mo   Tu   We   Th   Fr

Word of the day : ————————————————————————

Challenges of the day

Wins of the day

Notes

—————————————————————————————————

—————————————————————————————————

—————————————————————————————————

—————————————————————————————————

—————————————————————————————————

—————————————————————————————————

To do List

Top Priorities

Best Part of Today

Worst Part of Today

Mood During the Day

−   +

Date :　　　　　　　Mo　　Tu　　We　　Th　　Fr

Word of the day : ————————————————————

Challenges of the day

Wins of the day

Notes

_____

_____

_____

_____

_____

_____

To do List

Top Priorities

Best Part of Today

Worst Part of Today

Mood During the Day

— +

Printed in Great Britain
by Amazon

39432611R00056